a menina que desatava nós

mafê probst

a menina que desatava nós

INSÍGNIA

EDITOR: Felipe Colbert

DESIGN & PRODUÇÃO: Equipe Insígnia

ILUSTRAÇÃO DA CAPA: Depositphotos

ILUSTRAÇÕES DO MIOLO:
Designed by Freepik (págs. 13 e 17)
Designed by rawpixel.com / Freepik (págs. 25, 33, 87, 104, 114 e 122)
Designed by starline / Freepik (págs. 43, 130 e 135)
Depositphotos / Michiru13 (pág. 46)
Designed by rocketpixel / Freepik (pág. 59)
Designed by Freepik / pikisuperstar (pág. 70)
Designed by syarifahbrit / Freepik (pág. 76)
Depositphotos / victoryvelichkom (pág. 91)
Designed by renata.s / Freepik (pág. 100)
Designed by elements_graphic / Freepik (pág. 140)
Designed by Mafê Probst (pág. 96)

Publicado por Insígnia Editorial
www.insigniaeditorial.com.br
Instagram: @insigniaeditorial
Facebook: facebook.com/insigniaeditorial
E-mail: contato@insigniaeditorial.com.br

Impresso no Brasil.

(Câmara Brasileira do Livro, SP, Brasil)

Probst, Mafê
A menina que desatava nós / Mafê Probst. --
São Paulo : Insígnia Editorial, 2022.

ISBN 978-65-996157-8-8

1. Autoajuda 2. Autoconhecimento 3. Mulheres
4. Reflexões I. Título.

22-103242 CDD-158.1

Índices para catálogo sistemático:

1. Autoconhecimento : Crescimento pessoal : Conduta de vida 158.1

Aline Graziele Benitez - Bibliotecária - CRB-1/3129

para a menina que me
sorriu no espelho.

Durante a construção deste livro, precisei revisitar algumas pessoas; cutucar algumas memórias; reencontrar alguns sentimentos e, assim, trazê-los da forma mais sincera para o papel.

No meio do processo, entre um ponto final e outra vírgula, me vi agradecendo aos que passaram pelo meu caminho e enroscaram um nó de alguma forma. Não fosse por isso, não me sobrariam as palavras, então: "Obrigada".

A escrita foi lenta e quase solitária. Agradeço timidamente àqueles poucos que me acompanharam, me ajudaram na definição da capa e me assistiram vibrar com pequenas vitórias.

Meu muitíssimo obrigada ao meu editor, Felipe Colbert, pela paciência que teve de esperar pelas minhas respostas aos seus áudios de WhatsApp e pela paciência maior ainda de esperar que eu concluísse essas linhas sem desistir de mim.

E muito obrigada a você, que está aqui, cedendo espaço para as minhas rasuras; pode entrar — e reparar na bagunça.

talvez faltem nós.
talvez te deixe um nó na garganta,
ou um nó de saudade,
ou emaranhado de sentimentos
que você não sabe dar o nome.

talvez seja caos
& mais do mesmo
& repetições de palavras...

não prometo (mais) nada.

rascunhou o adeus
num papel pardo.
deixou impressa as digitais,
junto de umas lágrimas bobas,
uma saudade sentida
& um tanto de amor.

despedir carrega o peso da responsabilidade. é difícil dizer adeus sem motivos, sem encrencas, sem grandes reviravoltas novelescas, com direito à gritaria, porcelanas quebradas e um berro conclusivo de "eu te odeio". as coisas só vão amornando e, de repente, míngua a um fio quase rompido de rotina, com respeito mútuo e educação de sobra, mas sem empolgação, quiçá paixão.

ainda assim, despedir é difícil.

lidamos com as reticências como quem respira manso; ignorando a ansiedade que quer bater porque tem urgência de vida. amornar é tal qual entrar num barquinho sem remos num lago insosso. não assusta, nem emociona. só é.

viver nesse nem-lá-nem-cá, apesar de parecer mansidão, é cansativo. ganha-se, sem nem se dar conta, uma apatia que vai se tornando costumeira; riso pouco, olhos distantes. o tempo só escorre das mãos, mas é manso. o peito não acelera — nem emociona.

só é.

e, desculpa, apesar do peso da responsabilidade e por parecer um lugar-comum confortável, além de não ter finais dignos de filmes hollywoodianos,

não somos.

tem sentido saudade em cada pedaço de pele; foi noutro tempo que deixei o silêncio ficar e tudo parecia encaixar e fazer um mínimo de sentido, sem me dar conta do tanto que tinha ficado pra trás pela urgência desse encaixe. já era menina sedenta de mundo e quis esbarrar noutros planetas para viver outras histórias que me fizessem esquecer da minha... havia preparado todo o enredo, enroscado os dedos, mas nada tinha sido organizado para o tchau óbvio que vínhamos dando desde que permitimos a primeira xícara de café fria... o café ainda tem gosto de beijo amanhecido e tem cheiro de preguiça — do tempo, da vida — de quando a gente se enroscava num lençol frio manchado de dois; esquecendo que havia vida lá fora, deixando o adeus para depois, e depois, e depois...

a cor do
dia cinza,
nublado saudade

mafê probst

deixo chover uma saudade apertada e escorrer rua abaixo. é sempre fim de tarde sujo quando permito um banho frio, que me arrepia até as mais remotas lembranças, que também desce e escorre feito barquinho de papel mole.

ainda tem preguiça
amanhecendo com perfume teu.

o coração espremeu saudade e vi escorrer umas lágrimas bobas dos olhos. anotava no calendário a soma de mais um dia de silêncio e incertezas, já calculando a estimativa dos dias que ainda faltam; sem garantia alguma que sejam "só". talvez sejam muitos, a gente não sabe. talvez sejam poucos, por algum milagre. sobram interrogações...

o que vai ser de nós quando tudo isso acabar?

ainda tem tuas digitais
no lençol da última primeira vez.

o ruim da distância é que tudo se distancia. não consigo mais pensar em quantos dias faltam para te ver de novo, só enxergo o tanto de dias — e semanas! — que já se passaram desde o último abraço dado. são muitos e começaram a pesar... não sei definir se a saudade está aumentando com o passar dos dias ou se é a distância que aumenta deixando tudo ainda mais longe — principalmente as possibilidades. eu não sei lidar com essas ausências e distâncias, porque traz uma confusão das boas aqui. dá para sentir o hiato se formando entre a gente e, honestamente, não mais te reconheço. não mais me reconheço. é preciso de toque para voltar a entender os "nós".

ainda tem sonho
pra misturar no teu.

vibra & ecoa
o cheiro barulhento
da feira de domingo.
ainda colhe
as flores compradas,
carregando num nós de dedos
a flor
(que vai murchar),
um pastel
(que vai esfriar),
e a saudade
(que não sabe o que fazer).

**ainda
tem
muita
pele
sem
poema**

não tão tarde.
não tão tudo.

escapa dos dedos os sentimentos como se fossem pífios. talvez sejam. desenhou meia dúzia de "eu te amo", rabiscados nas mais diversas formas. ora no espelho embaçado, ora no aconchego de um abraço dado; mas pouco recebia de volta. vira e mexe, quando muito, algum trio de palavras vazias, sem calor algum. faltou-lhes ensinarem que sentimento é de pele e se a voz não arrepia os pelos, então voaram a esmo. não adianta aliviar a garganta com frases prontas mal entoadas. é preciso um mínimo de faísca, de olho no olho, que grita mais alto do que as palavras atropeladas e urgentes. é preciso sentir o grito, é preciso assistir evaporar alguma lágrima boba que escapa quando o peito sente muito.

sentiu muito.

colecionava adeus de rodoviária
& amores feito pão dormido.

pior que o sonho deixado de lado,
é assistir aquele sonho que foi plantado morrer por falta d'água.

vi o amor desabrochar
numa flor murcha.

inventei mil desculpas e fantasias de que era tudo poesia e fazia sentido, mas era uma flor murcha. noutro tempo arriscaria dizer que era uma bonita flor morta; mas essa era outra ilusão desmedida: nada ali era bonito, tampouco poeta. nada ali era.

da constelação que éramos nós,
vi derramar mil estrelas
solitárias;
cadentes.

outro Big Bang

me roubou pro seu mundo escuro, forjando falsas constelações que soassem minimamente bonitas. cansada da mesmice dos dias vazios, logo me encantei com a escuridão daquelas noites frias e me deixei envolver no falso abraço que fingia acolher.

a pressão dos dedos na pele arrepiava tanto quanto assustava e, cega pela venda que você me deu e pela penumbra do seu próprio espaço; não vi o alerta piscar nas primeiras vezes, ignorando cem por cento minha intuição de voz mansa.

quando dei por mim, buscava proteger meu próprio corpo no meio do Big Bang que explodiu tudo para todos os lados, deixando fagulhas desenharem cicatrizes em lugares que jamais imaginei.

a névoa do ego e do ódio te cobria por inteiro.
eu era uma poeira dos cacos que me sobraram.
e quem dizia se importar;

e-va-po-rou.

do planeta sobrou só neblina.
as estrelas viraram pó.

**constelação
de uma
estrela
só.**

uma Via Láctea se faz com purpurina. é preciso milhares de energias para transformar uma constelação, e outras mil constelações para juntar num planeta e infinitos planetinhas para formar uma Via Láctea purpurinada. de nada adianta as energias e estrelas e constelações e planetas se forem feitos de poeira. não precisa nem de brisa pra ver voar e desfazer-se em nada. sobra só o buraco negro das palavras vazias e das rimas fracas.

me disseram que as estrelas não caem do céu.
pisaram em cima delas e nem perceberam.

uma Via Láctea de saudade.

mentiras

desmonta uma estrela cadente
chorando fria nos lençóis quentes.

tem toque e tato leve,
passeando pelas constelações
como se as digitais fossem de vidro.

achava que temia machucar
— ledo engano.

a sutileza ensaiada
era fantasia
para esconder as farpas
que tinha nas mãos...

oscilo. tal qual a lua, tenho minhas próprias fases. mingua um tanto, enquanto chove noutro lado. palpito alguma inquietação desconhecida, embora saiba nome e sobrenome. me afogo no conforto de um brigadeiro quente. a língua queima, meio doce, meio saudade. sou feita de metades & de frases — incompletas, incertas, insossas.

um tanto sol,
& lua
& mar.

e só.

descoloriu uma lua laranja
e nunca mais anoiteceu no mar.

evaporou no banho quente e deixou condensar junto ao azulejo frio. a pele tingida pelo inverno escorria feito leite, esbranquiçando o mormaço que descia pelo ralo. metade da água quente que descia era salgada; outra metade era saudade, de uma realidade inventada em cima de palavras mentirosas demais.

ainda chove
vezenquando
quase sempre
entre um banho
& outro.

embaraço.

embaçado como o box do banheiro depois de um banho demoradamente quente, tu. fechei tanto os olhos para não ver a obviedade das tuas palavras ensaiadas, encantada com a neblina londrina que era nossa rotina. tudo nublado, enevoado, quase-que-charmoso de um jeito quase-que-doentio.

tinha os olhos abertos, mas me cegava. a vergonha evaporava pelos poros — e ninguém via. seria medo de se importar? não sabia, não sabia.

a neblina me grudava na pele. tudo era um sem-fim de arrepio — e nunca soube dizer se medo, se paixão ou cio. era mais fácil migrar para o lado gutural-carnal-instintivo, fantasiando enredos bêbados que me fugiam à realidade escancarada em jujubas doces madrugada adentro.

talvez por isso chovia tanto. pela solidão nebulosa quando o véu caía dos olhos; as mãos limpavam o vidro embaçado, mostrando olhos amedrontados no espelho, que inventavam mil desculpas para justificar o medo.

embaracei pra tentar justificar o que era óbvio
& ninguém via.

era neblina demais nesse caos rotineiro empurrado com a barriga como se fosse o novo normal.

não era normal.
tampouco novo...

te desenhava no vapor úmido
chorado no banheiro
depois de um banho quente.

tem dias que o coração se espreme apertadinho e deixa um nó bem gigante na garganta. engole as lágrimas, as palavras, as saudades, as vontades, as loucuras. desce amargo. embrulha o estômago. vai dançando nas horas que passam, atuando daquele jeito que todo mundo faz: sorriso no rosto — tudo bem? tudo. —, abraço daqui, um copo d'água. normal. normalíssimo — e não deveria ser.

tem muito nó emaranhado.

meio frouxo;
meio laço dado;
meio apertado.

mafê probst

afrouxa.

alguns dias pedem um laço melhor estruturado. meu corpo cadencia trêmulo, pronto pra ruir na menor menção de brisa. é tudo frágil. *vezenquando* grito & ecoa & fico nesse ciclo de ouvir minha própria voz. toda pele implora por outras digitais, um abraço apertado que sustenta tudo no lugar. nem precisa segurar o nó por muito tempo, te deixo ir antes dos créditos finais de algum filme bobo...

tudo
fundia
num
nós
só.

entre a gente tinha um nó.
um montão de nós,
desfazendo laço atrás de laço
até que não restou nadinha de nada.

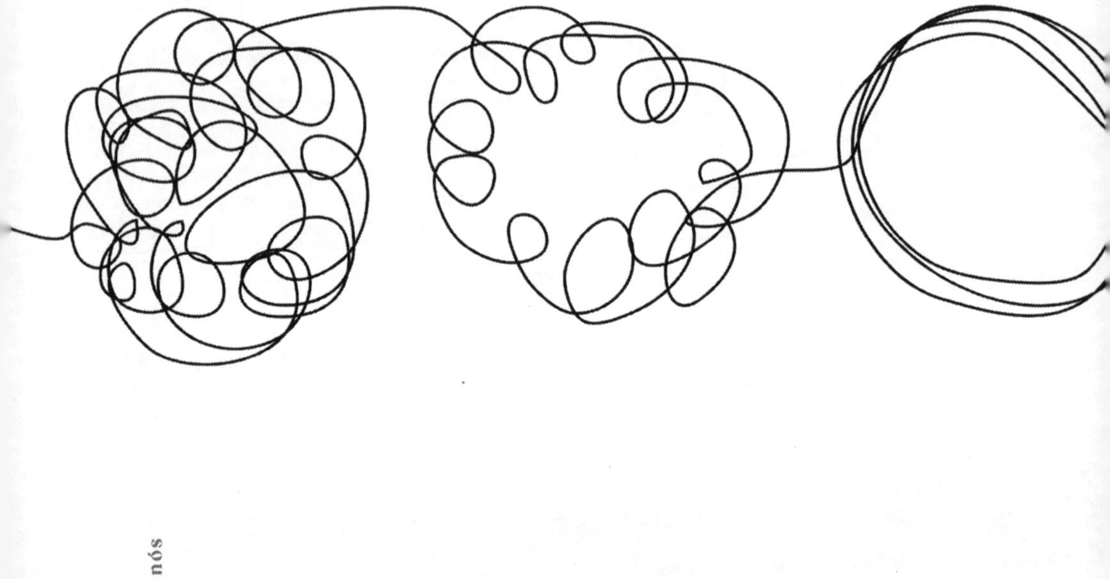

feito
eu
feito
tu
nu

mafê probst

laço desfeito pelo cansaço, pendeu um para cada lado. o peito subia e descia com pressa de inflar os pulmões e trazer o fôlego de volta ao corpo. dois corações batucavam uníssonos, tamborilando um carnaval bem no meio das costelas. meia troca de olhares e os dentes se exibiam inteiros. a gargalhava escorria para o travesseiro e os dedos, involuntários, procuravam um par para se enroscar. mindinho-com-mindinho.

laço
nó
nós
abraço
só.

palavras vomitadas em lençóis úmidos
evaporam na rotina.

é bonito ver o laço dado com os dedos,
enquanto corpos misturam todas as digitais;

mas é nó frouxo.

não precisa nem adormecer pra perceber
um-pra-cada-lado.

meio nós
meio ego
meio nego
meio negamos
meio fingimos
meio que.

a vida tá do avesso, percebe? tudo um nó mal dado, laço que se desfaz num sopro. ninguém se amarra de verdade, ninguém se prende.

desculpa a falta de tato, mas não sabe ser leve quando sufoca. o nó parecia ser bonito de virar laço até perceber que a intensidade era desmedida, puxando demais, apertando demais, sufocando demais.

os falsos nós enroscados pareciam até bonitos diante uma sociedade que aplaudia com sorrisinho nos lábios. será que ninguém via o tanto que ela mal respirava?

dedos enlaçados desenhavam digitais no dorso das mãos. tinha força de leão esfomeado quando crava os dentes no pescoço do búfalo desesperado por uma última inflada nos pulmões antes de escurecer.

acariciava manchas deixadas com zelo e preocupação; incrédulo pelas feridas — como se não soubesse quem as tinha deixado ali. cedia.

e cansou.

num surto, num berro, num pedido de escancarado implorava: ME DEIXA RESPIRAR.

munida da única arma que tinha, se deixou amar primeiro. com tesoura nas mãos e a determinação noutra, fez questão de picotar a corda que enlaçava os nós.

não sobrou ponta solta...

todo nós
é um ego
que foi ferido.

um laço enroscado noutro nó numa fraca tentativa de manter a corda firme segurando-a pendurada no abismo. era tanto nó atrás de nós, que não via a imensidão da corda comprida que mais apertava seus pulsos do que ajudava no tombo. foi tanto nó atrás de laço que se perdeu presa em si mesmo: bastava esticar minimamente os pés e ela já alcançaria o chão.

me fiz fratura exposta
pra te assistir juntar os pedacinhos
& quebrar mais um pouquinho sem dó.

você roubou todas as estrelas do meu céu, apagou a lua que brilhava cheia, soprou um vento frio naquele apartamento e deixou que a água gelada me submergisse. e o pior, fez que pouco se importava com esse gelo todo — machucando ainda mais.

problema dos nós:
vício do aperto.

problema dos apertos:
a claustrofobia.

problema da claustrofobia:
se sufoca, não era amor.

era mentira.

claustrofobia
cinicamente curada
num abraço apertado
que não se sabe onde termina
& começa quem.

abraçava com ira de criança ciumenta que tem medo de emprestar um brinquedo. aninhava no colo apertando o tanto que podia. fazia estrela dos ossos. sussurrava um grito de socorro nos ouvidos e pedidos incessantes e teimosos e urgentes perto de plateias que não queriam lhes assistir. clamava palmas, pedia olhares, insistia qualquer cena só para sentir o ego subir. vivia imerso dentro do próprio umbigo e apertava laço atrás de nó para prender mais e mais e mais.

meu, minha.
de ninguém mais.

tanto quis emendar os nós
que deixou afrouxar o único que tinha.

pontas soltas sem nó
desistiu do laço
e seguiu só.

ainda.
e não mais.

a verdade é que não tenho muito mais o que te oferecer. eu dei tudo de mim que podia e tentei te fazer feliz, mas nada parecia o suficiente, nada parecia te convencer. cansei, sabe? não parece justo eu tanto me esforçar e você nada fazer, nada agradar e sempre cobrar e exigir demais. que tipo de amor é esse? você não vê o tanto de cuidado que eu também preciso? você não vê o tanto de amor que eu também queria ganhar? chega. a vontade de ir pulsa mais que a vontade de ficar, porque eu cansei. desgastou demais. amor, meu bem, não sobrevive numa via de mão única. é preciso partilhar o querer bem & eu não nasci pra alimentar o ego de ninguém.

vi amor
nas constelações que pintávamos
em tardes de chuva.
o amor era eu.

e mais tarde descobri que só meu.

perigo

sou boa em contar mentiras e inventar disfarces. visto inverdades & creio em todas elas. danço com o improvável e com as palavras mal ditas, escondendo debaixo do tapete qualquer sentimento que soe sincero demais...

e escapo. sem querer, me vejo escapar; na imensidão do meu olhar castanho que começa a esverdear pelas beiradas. nas verdades tatuadas na íris. na sinceridade que transborda quente e salgada, deixando na boca gostos sinceros — ora amargos; ora saudades; ora qualquer coisa que dói; ora qualquer memória com malícia.

pisco.

e me escondo.

f
r
á
g
i
l

cuidado.

quantas promessas
foram quebradas
antes de se cumprirem?

virou poeira o que era cosmo. antes construía um universo sobre os lençóis e de alguma maneira bonita fazia chover estrelas. quando assistiu à primeira estrela cair, ficou segurando-a entre os dedos. o resto era silêncio enquanto o mundo acabava do lado de fora daquela cama de mentiras...

"por você eu janto sopa",
disse ele.

o eco ressoou;
a sopa esfriou
e nem a mosca quis ficar
pra se banhar no caldo insosso & frio.

colheradas
de silêncio
& falta de tato.

lembro bem a primeira vez que me escorri no toque. você sabia onde estavam minhas cicatrizes e, prontamente, ofereceu para cuidar delas. eu me senti aninhada & mimada & cuidada, imersa numa realidade fantasiosa que me fazia bem. mas as cicatrizes viviam sangrando. cega pelo falso amor que você me dava, não percebia as vezes que, disfarçado de cuidado, você me feria ainda mais, numa tentativa ilusória de se manter salvador sempre perto.

curiosa do mundo, viajava com os pés sobre o banco olhando uma selva de concreto multicolorida e cinza. tinha sede de saber de tudo, e esqueceu de saber de si.

quis me esconder
entre quatro paredes.
beijava com falsa doçura,
não para me amar,
mas para me forçar
a engolir o grito
de socorro
que tinha
na
gar
gan
ta.

tá apertado.
e o nó,
machuca.

precisei tirar o véu das verdades que inventei de você. eu tinha amarrado meu laço numa fantasia bem montada e manipulada, de um amor que parecia nobre, mas não passava de um ego esnobe. você ia puxando minhas pontas sem se importar com o aperto. foi machucando. o nó era tão rijo que arroxeava minha pele. e você ria. assoprava onde doía. afagava & cuidava & machucava. era veneno e antídoto. até que o véu caiu e a olhos nus te vi como deveria.

nenhuma máscara fica presa no rosto por muito tempo.

ainda bem.

convenceram-na de que podia ser qualquer coisa.
(menos ela mesma).

implorava secretamente por alguma dose desesperada de afeto. qualquer gole era melhor que gole nenhum, ainda que descesse atravessado goela abaixo. diminuía, encaixava, tentava, de todas as formas, se fazer notada. virou poeira feita das estrelas que deixou evaporar. virou areia feita das migalhas que aceitou catar. ficou tão pequena dentro de si, que tudo doía. ela não era moça de se apertar. ela não era moça de encaixar. será que não via o tamanho do universo que vestia?

desatar egos
& afrouxar nós.

quando soltou o peso do nó apertado, viu as pontas caírem soltas e seguirem caminhos trocados. era um pra cada lado, segurando um sorriso no rosto e uma garoa nos olhos... alguns nós desfazem para firmar laço.

tem nó que se desfaz
pra deixar o laço mais bonito.

engasgada.
o nó na garganta
ecoava um pedido de socorro.

o espelho lhe encarava atônito. tinha olhos arregalados & tristes — mas ela não via. os ombros caíam meio centímetro a mais a cada dia. as estrelas lhe fugiram dos olhos, o riso amarelava na boca, as roupas já não faziam sentido. o espelho pedia socorro e ninguém via.

só ele que a impedia de se ver, puxando o nó para o outro lado, encurtando corda, controlando espaço.

demorei para desatar o nó da culpa
que você me fez sentir.

antes só
do que nó
mal dado.

mafê probst

um nó mal dado
prende asa;
prende sonho
tranca em casa e mata.

l e n t o.

tem nós que se faz laço e nasceu para ser bonito. uma ponta enroscando em outra, construindo quase um infinito. é preciso um tanto de ritmo, outro tanto de equilíbrio. se puxa mais de um lado, entorta; se puxa mais de outro, diminui. é preciso um tanto de cadência, de sutileza, de cuidado no enrosco. a mínima força puxa tudo demais e aperta e sufoca e controla e machuca.

como ele fez comigo.

aprendeu sobre o amor
tatuando adeus &
desfazendo os nós.

a menina que desatava nós não sabia lidar com pontas soltas. vivia emendando um nós noutro. se viu sufocada nos próprios laços mal dados, que apertam-e--afrouxam e fica um nó pra cada lado.

nós nós nós nós nós nós nós nós nós nós
nós nós nós nós nós nós nós nós nós nós
nós nós nós nós nós nós nós nós nós nós
nós nós nós nós nós nós nós nós nós nós
nós nós nós nós nós nós nós nós nós nós
nós nós nós nós nós nós nós nós nós nós
nós nós nós nós nós nós nós nós nós nós
nós nós nós nós nós nós nós nós nós nós
nós nós nós nós nós nós nós nós nós nós
nós nós nós nós nós nós nós nós nós nós
nós nós nós nós nós nós nós nós nós nós
nós nós nós nós nós nós nós nós nós nós
nós nós nós nós nós nós nós nós nós nós
nós nós nós nós nós nós nós nós nós nós
nós nós nós nós nós nós nós nós nós nós
nós nós nós nós nós nós nós nós nós nós
nós nós nós nós nós nós nós nós nós nós
nós nós nós nós nós nós nós nós nós nós
nós nós nós nós nós nós nós nós nós nós
nós nós nós nós nós nós nós nós nós nós
nós nós nós nós nós nós nós nós nós nós
nós nós nós nós nós nós nós nós nós nós
nós nós nós nós nós nós nós nós nós nós
nós nós nós nós nós nós nós nós nós nós
nós nós nós nós nós nós nós nós nós nós
nós nós nós nós nós nós nós nós nós nós
nós nós nós nós nós nós nós nós nós nós
nós nós nós nós nós nós nós nós nós nós
nós nós nós nós nós nós nós nós nós nós
nós nós nós nós nós nós nós nós nós nós
nós nós nós nós nós nós nós nós nós nós
nós nós nós nós nós nós nós nós nós nós
nós nós nós nós nós nós nós nós nós nós
nós nós nós nós nós nós nós nós nós nós
nós nós nós nós nós nós nós nós nós nós
nós nós nós nós nós nós nós nós nós nós
nós nós nós nós nós nós nós nós nós nós
nós nós nós nós nós nós nós nós nós nós

nós nós nós nós nós nós nós nós nós nós
nós nós nós nós nós nós nós nós nós nós
nós nós nós nós nós nós nós nós nós nós
nós nós nós nós nós nós nós nós nós nós
nós nós nós nós nós nós nós nós nós nós
nós nós nós nós nós nós nós nós nós nós
nós nós nós nós nós nós nós nós nós nós
nós nós nós nós nós nós nós nós nós nós
nós nós nós nós nós nós nós nós nós nós
nós nós nós nós nós nós nós nós nós nós
nós nós nós nós nós nós nós nós nós nós
nós nós nós nós nós nós nós nós nós nós
nós nós nós nós nós nós nós nós nós nós
nós nós nós nós nós nós nós nós nós nós
nós nós nós nós nós nós nós nós nós nós
nós nós nós nós nós nós nós nós nós nós
nós nós nós nós nós nós nós nós nós nós
nós nós nós nós nós nós nós nós nós nós
nós nós nós nós nós nós nós nós nós nós
nós nós nós nós nós nós nós nós nós nós
nós nós nós nós nós nós nós nós nós nós
nós nós nós nós nós nós nós nós nós nós
nós nós nós nós nós nós nós nós nós nós
nós nós nós nós nós nós nós nós nós nós
nós nós nós nós nós nós nós nós nós nós
nós nós nós nós nós nós nós nós nós nós
nós nós nós nós nós nós nós nós nós nós
nós nós nós nós nós nós nós nós nós nós
nós nós nós nós nós nós nós nós nós nós
nós nós nós nós nós nós nós nós nós nós
nós nós nós nós nós nós nós nós nós nós
nós nós nós nós nós nós nós nós nós nós
nós nós nós nós nós nós nós nós nós nós
nós nós nós nós nós nós nós nós nós nós
nós nós nós nós nós nós nós nós nós nós
nós nós nós nós nós nós nós nós nós nós
nós nós nós nós nós nós nós nós nós nós
nós nós nós nós nós nós nós nós nós eu.

feita dos amores
que deixou passar.

desenho um planeta novo
pra chamar de ~~só~~
meu

constelação feita de si,
das pintas desenhadas com os dedos
& nunca catalogadas.

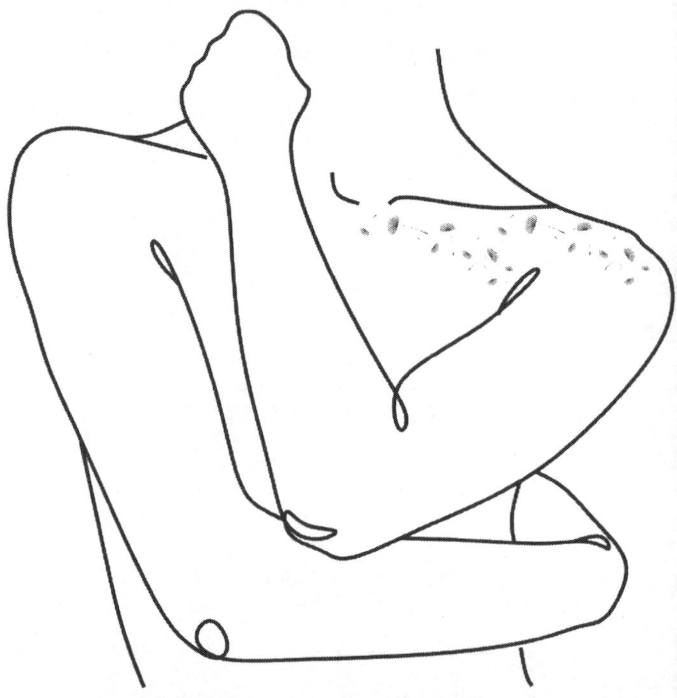

sou feita das estrelas que roubei do céu quando sonhei alto demais. tatuei constelação no meu corpo minguado, deixando alguma memória pendurada em alguma pinta solta. são manchas demais espalhadas cuidadosamente com a ponta dos dedos. *vezenquando* passeia outro dedo trêmulo. *vezenquando* escolho outra estrela para ser a favorita da vez. encontraram estrelas novas. tenho gostado delas.

vejo o caos e me perco dentro de mim. tudo acumula de um jeito que assusta (tão novo!), mas não me desorienta. a respiração segue serena, o coração palpita em paz, embora cheio de interrogações, sonhos e expectativas. aprendi tanto de mim nesses dias de desordem. aprendo tanto comigo quando deixo algo para mais tarde...

sigo sem alarde.
e que bom tem sido assim.

viveu uma vida inteira dentro de uma bolha quentinha, confortável e cor-de-rosa. desenhava a rotina de forma fluida; fácil e indolor. não pensava muito nos amanhãs, embora fizesse planos. não pensava muito no depois; embora sonhasse alto. a vida foi desenrolando: meio destrambelhada, meio caos, meio improviso. desenhou o próprio atropelo e, num dado dia, entre um céu muito azul e infinito, percebeu-se só. miúda. o mundo agigantava e ela diminuía. sentiu na pele o tamanho da fragilidade da vida e tudo mudou de sentido... reaprendeu a rezar. pegou mania de riscar o asfalto olhando o horizonte e percebendo as cores do cotidiano. via poesia tatuada nos concretos; via a brisa primaveril nas tardes frias de inverno, que balançavam as folhas numa valsa melancólica; via o céu estender diante dos olhos. *vezenquando* chovia — ela também. *vezenquando* a tempestade chegava — nela também. *vezenquando* tudo ruía e desmoronava — ela também. e *vezenquando* tudo era paz e mar manso, sereno como deve ser... e ela... também. e se agigantava no mundo que ficava pequeno. e improvisava um riso e refazia planos e pincelava cores na bolha estourada, protegendo a si mesma como podia.

"a vida é frágil", repetia.

e é.

me vejo perdida dentro de mim.
no eco torto que ecoa o peito
encontrei espaços que desconheço.

é fácil demais mergulhar em excessos. na partilha do tempo, esquiva-se de si. encarar a rotina é viver no automático e não pensar. tudo se atropela. não se faz escolhas, só se aceita. até que se vê sozinha & livre & precisa aprender a se conhecer. provar sua própria verdade. saber quem se é, o que gosta, o que quer. se (re)conhecer um sonho estranho.

me deixo pra lá com tanta frequência,
que quando me trago pra perto,
me estranho.

eu me aceitei imperfeita. não é nada fácil essa aceitação, porque temos uma tendência autocrítica de sermos perfeitos demais. repito a frase "me aceito" como um mantra, numa tentativa de me fazer ouvir. louco, não? vale ressaltar que se aceitar não é questão de comodismo — longe disso. busco sempre mudar aquilo que me desagrada, mas eu parei de me cobrar perfeição em tudo o tempo todo. tem dias que não flui, e tudo bem. tem dias que não desenvolve, e tudo bem. acho prudente aceitar esses dias como uma passagem para dias melhores. quando algo me freia, eu paro e respiro. quando algo me assusta, eu paro e observo. quando me vejo perdida, eu sento e fico olhando a paisagem, olhando para as trilhas e trilhos diante dos meus olhos; até que me dê vontade de voltar a trilhar & ver onde vai dar. é saudável se dar uma pausa e, *vezenquando*, me permito pausar...

foi preciso derramar algumas lágrimas
para regar a flor que existe aqui dentro.

floresci.

encaro o retrovisor com uma curiosidade estranha. a moça me olha de volta, com um vinco fino riscando a testa, não sei dizer se por desconforto ou se também curiosa. tem medo dilatando as pupilas e, num contraste gritante, carrega um riso fluido pendendo dos lábios. nos estranhamos, momentaneamente. a postura que via refletida, não parecia com a que tinha visto ao me despedir. apesar do medo e da incerteza, ela tinha tanta garra e queixo erguido que quase me intimidava.

a menina do retrovisor se sentia dona do mundo.
a dona do mundo tinha curiosidade de tudo.
a curiosa de tudo, tinha medo; e ousadia.
e tudo refletia.
e era eu.

a eterna arte de brigar &
fazer as pazes com o espelho.

sempre fui boa com encaixes, sempre fui maleável demais para caber em qualquer lugar. aceitava de boa as mudanças, aceitava de boa me mudar. eu me moldava para me encaixar, me moldava para caber. demorei para entender que quando mais eu cabia em qualquer canto, menos cabia em mim. eu me tornava uma versão amarrotada de qualquer coisa — era tudo, menos eu mesma.

até que decidi negar o encaixe. até que decidi que só caberia em lugares que me abraçassem inteira, que me acolhessem com todos os defeitos e manias; com todos os sonhos e vontade de ser. eu queria, finalmente, ser quem eu gostaria. eu queria, finalmente, ser quem tanto sonhei.

entendi (não tão tarde) que todo sonho deve ser sentido e vivido, por mais bobo que aparente ser. e digo "aparente" porque sonho algum é bobo. vale muito (e vale tudo) abraçar esse sonho e entender que não vale nada caber em lugares que te moldam demais deixando você perto de tudo — menos daquilo que quer, de fato, ser.

descobri
— não tarde, não sozinha —
que sou a única pessoa
capaz de frear &
sabotar meus sonhos.

"*o medo amplia as distâncias*".
[o teatro mágico]

sempre fui de catalogar os sonhos como possíveis e impossíveis. bastava um sonho novo cair nas minhas mãos e já ia rotulando, guardando nas gavetas ditas certas. determinado dia, tropecei num desses sonhos impossíveis que haviam escorregado da gaveta "deixa pra lá, não vai funcionar". o sonho olhou pra mim com carinho e perguntou: quem mandou rotular impossível? respondi de supetão que meus sonhos, minhas regras; mas a questão ficou reverberando por dias seguidos. será que as regras eram mesmo minhas, ou a sociedade quem me ditou certo-e-errado? será que, realmente, era eu que julgava o sonho impossível, ou impossível é tudo aquilo que o povo tem medo? sonho possível é só aquele que cabe nas caixinhas padrões estereotipadas? casa, família, carro, filhos?

eu tenho sonho de viver.
foi na vida que tropecei sem querer.

quando foi que parou de se escutar?
quanta intuição vibrou e deixou passar?

acredita nos teus instintos sempre! se o alerta vermelho do teu coração apitar, escuta. para. pausa. freia o sentimento, desata o nó se assim for preciso, mas, por favor, acredita nos teus instintos, bota fé na tua intuição. é um clichê antigo isso que vou te falar, mas, vai por mim, intuição que vem do peito, que pulsa na alma, nunca falha...

e quando ninguém te vê, quem é você?
e quando singular, quem é você?

é assim que a mudança acontece:
um gesto,
uma pessoa,
um momento de cada vez.

não se doe a quem te dói.
não aceite migalhas de amor.
você merece mais do que isso.

aceitamos metades como inteiras porque nos doutrinaram que deveria ser assim. meia felicidade por padrão aceitável; seja no trabalho ou na família. nos forçaram a engolir vontades porque devemos fazer o que é certo. certo, certo, certo... certo pra quem? mendigamos meio amor porque nos envenenaram dizendo que não podemos ser felizes sozinhas; aceitamos meia atenção porque nos ditaram que é melhor uma atençãozinha à atenção nenhuma. crescemos cercadas dos príncipes encantados, mergulhadas nas histórias de felizes para sempre, querendo ser salvas pelo mocinho do cavalo alado. mas, hei, posso te contar? a gente é nosso próprio super-herói e nosso próprio final feliz. não devemos aceitar metades porque somos inteiras; e quando aprendemos a ver o TUDO que somos, não aceitamos caber em lugares que nos querem ver pequenas...

a felicidade começa
quando a gente se desenrosca
& para de engolir os *nãos*
que gostaria de dar.

nunca é tarde
nem tão cedo
para ser sozinha
e descobrir o amor

p r ó p r i o.

laço bonito o seu,
dado consigo mesma,
enroscado numa verdade sincera
de quem sabe quem é.

desculpa o clichê, mas a vida é mesmo feita de trilhas & caminhos & bifurcações & escolhas. o caminho é sempre em frente. permite algumas paradas, aceita que se aprecie a vista, mas é difícil, apertado e arriscado dar meia-volta-volver. então a gente segue & espera & paga pra ver.

quem é você
no reflexo embaçado
do vidro frio?

a gente tem o direito de ser livre nas escolhas. não é preciso viver uma vida inteira buscando se encaixar em padrões preestabelecidos e cheios das regras para ser feliz. a sociedade vive mastigando verdades e forçando-nos a engolir, mas ei! se o corpo é teu, se a alma é tua, se os sonhos só te cabem, por que então se deixar pra mais tarde?

liberdade
tem gostinho de vinho branco & gorgonzola.

quando afrouxa e liberta, paralisa. todo bicho muito preso se assusta quando vê a liberdade, virando estátua incrédula por segundos. olha para as gaiolas, para as amarras, para a coleira. olha para frente, para o mundo, para o novo. uns sacodem asas, confirmando se têm ferramentas para voar; outros dão pequenos passos, sentindo alguma grama fresca nas patas ao invés da rigidez fria do metal engaiolado. a menina, livre, ensaiou. meia dúzia de passos para ver aonde chegava. caminhando,

encontrou suas asas. livre de nós, voou.

no escuro do quarto,
vê verdades escondidas sob os lençóis…

escapa.

se funde em meio ao riso &
aos sonhos adormecidos…

confessa.

tem sonho
(& sede)
de viver.

aprendi a ser melhor sozinha

contaminaram minhas crenças com o clichê exagerado de Cazuza. "é impossível ser feliz sozinho", de Jobim, gritava nas caixas de som com volume estourando. impaciente na solidão, emendava falsas histórias de amor em promessas rasas, me enxergando completamente perdida, sem um par de mãos para segurar.

fui moldada para caber em abraços. comprei a ideia de que abraço bom é aquele em que ME ENCAIXO, sem me dar conta que, o ideal, seria caber em abraço que ME ENCAIXA. uma peça solta de quebra-cabeça, desfiz partes minhas para pertencer. na pressa, fui deixando de me ser.

recolhendo meus pedaços no caminho, fui prendendo meus cacos até deixar de ser disforme. voltava a ser completa, ainda que com algumas cicatrizes visíveis a olho nu, outras microscópicas demais para se ver — mas que latejam *vezenquando*. sempre dói aquilo que se sente.

deixei a crença cair aos meus pés.

imersa na solitude de ser sozinha, permiti me conhecer. me visitei como um turista em cidade nova, descobrindo ruazinhas, monumentos, sensações e outros sentimentos que eu jurava não ter. a solidão consciente tem poder — e triste, triste mesmo, é viver no pagode castigado da solidão a dois.

ainda que goste de uma taça de vinho em boa companhia, vira e mexe me ofereço um brinde. depois de muito caminho, entendi outro clichê derramado pelos *coaches* mundo afora: antes de enlaçar meus dedos em outros pares, eu preciso fazer a gentileza de me dar as mãos.

aprendi a ser melhor sozinha. e sendo melhor sozinha, estarei pronta para dividir: meus sonhos, meus planos... e a vida.

entre as idas e as vindas
tropecei numa parte minha,
largada, abandonada, esquecida;
atropelada pelo acaso e pela rotina;
moldada como massinha
por mãos pouco gentis.

entre idas e vindas,
o tropeço maior
foi aquele dado
não por acaso

comigo.

recomeço.
meço o medo & os sonhos.
na bagagem, coragem &
mais nada além de mim;
dos planos &
das vontades.

mafê probst

deixo descabelar. aprendi depois de muita energia desperdiçada. eu era inquieta demais diante de qualquer bagunça, não fazia ideia de como conviver com o caos. tudo precisava estar milimetricamente no lugar. roupa desamassada, cabelo bem penteado. odiava os dias de vento, vê se pode? agora deixa ventar. deixo me virar do avesso, deixo bagunçar — o cabelo, a roupa, a vida toda. sorrio no meio da brisa leve e aprendi a sorrir em meio a algumas tempestades. a chuva não me assusta mais, mas ainda não gosto de raio e trovão. me percebo cada dia mais dente-de-leão: tão leve, tão me deixo levar. e me levo.

botei uma placa
de acesso restrito no peito
& cá dentro
só entram aqueles sentimentos
que deixo entrar.

e pelo retrovisor,
vejo todas as pessoas que poderia ter sido
e não fui.

e na estrada à minha frente,
vejo todas que posso ser...
e serei.

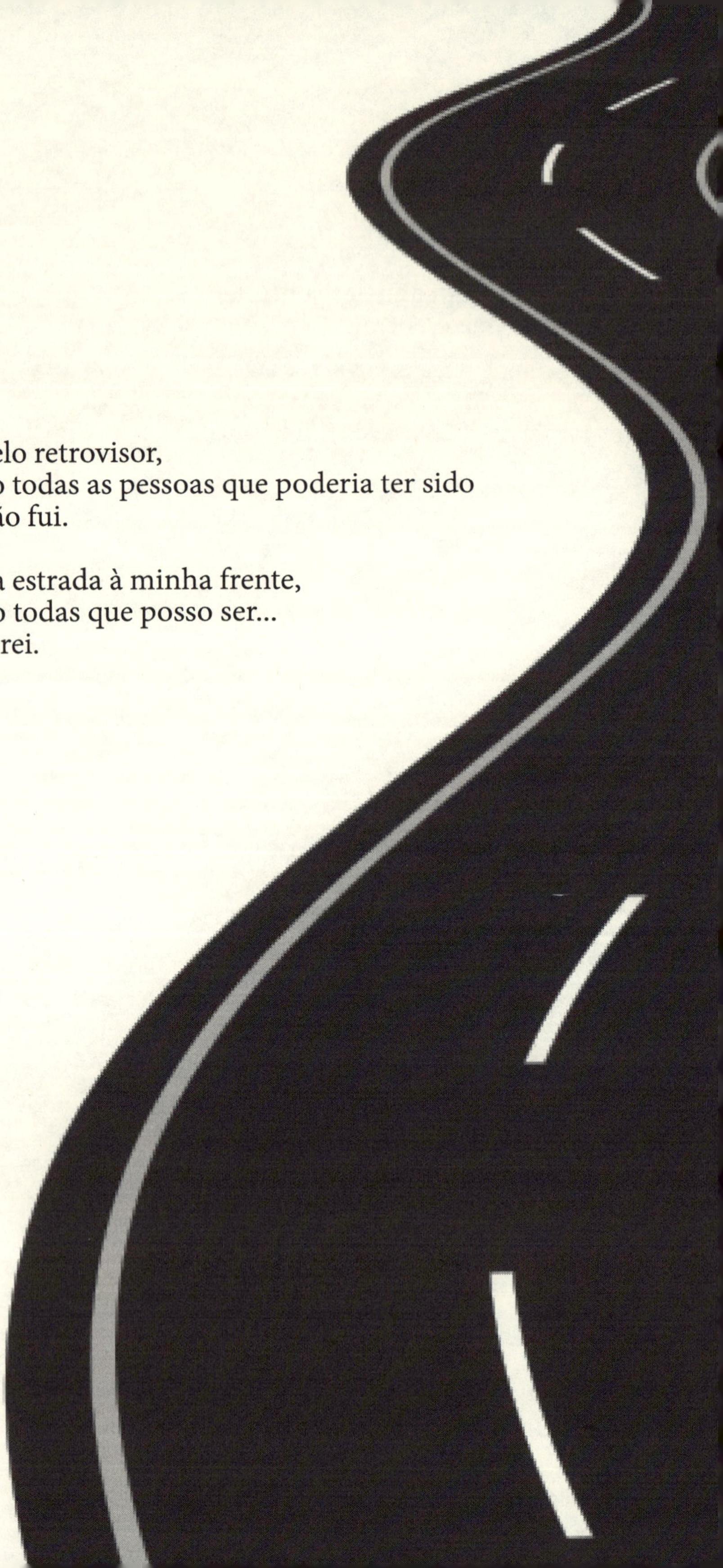

é um processo cansativo e difícil, confesso.

temos a ideia torta de que amor-próprio é algo natural e involuntário, mas é o oposto disso. somos nosso maiores vilões e piores críticos. como faz para amar uma pessoa a quem se conhece todos os piores defeitos, todos os maiores segredos, medos e anseios? se somos imperfeitos aos nossos olhos, então como se amar?

o caminho de nos aceitarmos como somos, é longo. temos tendência a mudar a rota inúmeras vezes, procurar atalhos e sermos menos nós mesmos, para nos tornamos parecidos com aquele alguém que admiramos. demora um tempo até entender que não adianta querer mudar, porque essência não se muda: só evolui. podemos evoluir um pouco aqui, um pouco ali, ajustar umas vírgulas... quando tentamos ser o que os outros são, nos tornamos atores dentro da própria vida — não dá para atuar o tempo inteiro.

admiro pessoas que aprenderam a se aceitar desde cedo. levei mais de trinta anos para parar de implicar comigo. não foi de repente quando entendi que a mudança desejada deveria partir de dentro; então comecei a agir, mudar meu caminho, seguir meu ritmo e dançar conforme a minha música, ainda que destoasse do resto do mundo. A felicidade vem como consequência...

amar é se aceitar imperfeito. hoje sou capaz de rir das minhas imperfeições, melhorar o que estiver ao meu alcance — se isso for o melhor para mim. não busco mais mudanças buscando padrões e estereótipos; e tento não me comparar com as outras pessoas. amor-próprio não é o fato de se amar acima de tudo e se achar melhor que tudo & todos, é se entender. saber dos seus pontos negativos, saber dos seus pontos fracos, tentar melhorar como pessoa. conhecer seus limites e respeitá-los. amor-próprio é simplesmente ter respeito por si e conviver bem consigo.

amor-próprio é gentil.

todo movimento me movimenta. vejo as ideias aguçarem, os dedos coçarem e o coração explodir. a mente expande e contrai, numa expectativa não-vã de deixar fluir. é tanto de mim que não me caibo, e transbordo em lágrimas bobas; em palavras afoitas; em textos atropelados, mal pontuados, que nascem na pressa de ser. há tanto por dizer sempre que me movimento; há tanto por sentir sempre que estaciono. há tanto. e há. e eu percebo. é bonito demais quando (me) percebo e deixo fluir.

vou me reconectando aos detalhes. aos poucos me entrego ao que sou e àquilo que acredito. vira e mexe minto, mas nunca no que sinto. há sempre verdade no que pulsa. desenho trilhas & sonhos. tenho medo, mas não paro. desistir nunca foi uma opção. o amanhã é sempre um gigante ponto de interrogação.

quando percebeu
que era a dona da gaiola
aprendeu a desengaiolar-se.

a liberdade de ser
sobrepõe
todo medo de perder.

as transformações são lentas. ninguém muda de um dia para outro. tudo depende de desconstrução, de tirar algumas vendas dos olhos e algumas crenças dos ombros... não é um processo indolor. sair da zona — aparentemente — confortável mexe com todos os monstrinhos escondidos em cantos obscuros; aparecem alguns fantasmas e se descobre muitos medos, receios, anseios e ansiedade. é natural perder o ritmo da respiração ao buscar um novo jeito de respirar.

eu vi quando comecei descamar e mudar. fui deixando armaduras e crenças tantas, fui olhando mais para mim e me enxergando com os MEUS olhos, não com os olhos de outros. eu gostei do que vi, mas me assustei. e ainda assusta. mas é tão bonito de ver, de sentir pulsar, de perceber nas entrelinhas... todo dia um pouco mais, todo dia uma mudancinha nova. todo dia uma nova crença para ser quebrada e um jeito novo — e tão aberto! — de olhar para o mundo, de olhar para mim.

quando estaciono e me permito olhar para toda trilha que escolhi trilhar, sinto orgulho da mulher que me tornei (e estou me tornando). olho para trás — para os tombos, para os padrões, para os encaixes — e percebo o tanto de coragem que vesti para desnudar...

é preciso de tempo para acalmar o peito que grita ansiedade por longos meses. é preciso aprender a se conhecer, entender que a respiração faz milagres & que paciência é, sim, a rainha do mundo. tudo se resolve quando se tem paciência, quando se afrouxa do laço apertado. tudo se resolve quando a gente respira fundo e começa a organizar — o guarda-roupa, a casa, a vida —, pedaço por pedaço, sem pressa. a gente aprende a curtir essa fase de deixar as coisas no lugar. traz certo conforto saber que arrumar a bagunça faz parte da tranquilidade que vem depois. é sentir um superpoder de autocontrole sobre todas as coisas, que acaba silenciando um pouco a agonia que pulsa. é preciso tempo — sempre o tempo. é preciso calma. é preciso um bocado de determinação. e quando a gente aprende a (se) controlar, até o caos fica bonito...

se céu,
sê imensa.

parte de mim se parte em pedacinhos;
parte de mim, se chega, passarinho.

entendi que ser livre é aceitar minhas próprias limitações. desde cedo sei que não nasci para caber em caixas pré-fabricadas e estereótipos sociais bem montados. não, definitivamente não. arrisco dizer que não tenho pernas — tenho asas & me sinto inteira quando voo por aí, descobrindo e redescobrindo o mundo, aprendendo mais sobre mim mesma em cada novo chão que pisa. meu lar é meu coração, onde carrego toda a bagagem das despedidas que — não tão facilmente — aprendi a dar. descobri que a liberdade, às vezes, vem salgada com as lágrimas que derramo. algumas sem ninguém ver, outras por tocar nos sonhos que tanto quis viver. quanto mais livre me encontro, mais livre quero ser...

mafê probst

o rosto lhe sorria e ela sorria de volta. foi bonito assistir a euforia que pinicava nas bochechas, escancarando uma felicidade palpável: parecia um dia comum; cheio das rotinas que atropelam, mas ela carregava os braços soltos, o queixo erguido e os olhos de estrelas. toda constelação que viu evaporar, choveu em sua íris e tudo nela irradiava algum segredo íntimo. parecia um dia comum; mas não era. de frente para o rosto sorridente que tinha, ela se acolhia; de frente para o espelho que lhe sorria, ela se aceitava. parecia um dia comum aos olhos desavisados e desatentos; mas para quem a assistia — de perto, de longe —, percebia que aquele dia, que parecia um dia comum, era o dia em que ela finalmente se reconhecia, se admirava, deixava os rótulos no lixo & sabia quem era e quem queria ser.

carta aberta
para a mulher que acabou de nascer.

eu sei que a vida tem sido assustadora e os dias incertos; sei que as noites têm sido compridas e que são raras as vezes que você repousa serena. Sei que teus sonhos seguem hibernando, loucos para abrir asas e sair voando & conquistando o mundo. Sei que você chora, e desmonta, e se permite ser vulnerável debaixo de um banho quente; sei que você está cansada e que os ombros, *vezenquando*, pesam. Sei que o coração apequena; que tudo vira um nó de medo...

mas você já se olhou no espelho?

Vê que teus olhos estão mais claros e mais alegres. Percebe o tanto que você dança, serelepe, quando sente cheiro de café. Sente que o peso que tanto dói teus ombros já não incomoda o dia todo — nem todo dia. olha o tanto de sonho que você tem sonhado; o tanto de voz que você tem se dado; e o tanto que você deixou de ser, aquela facilmente controlável.

perceba o controle na tua mão direita e teu coração pulsando na mão esquerda. olha o tanto de coragem que você vestiu, o tanto de força que você tem, o tanto de sorte que, *vezenquando*, vem. olha a menina que, finalmente, deixou para trás. perceba o tanto que você se desconstruiu para ser inteira; o tanto que você aprendeu; o tanto que você cresceu. há verdade em você, vê?

eu sei que você tem medo, eu sei que você se esconde, eu sei que você se assusta e sei o tanto que ainda chora; mas sei o tanto que te faz vibrar, sei o tudo que te faz sonhar e percebo, ainda tímida, o quanto você acredita.

e você pode & deve acreditar.

Aponte a câmera do celular para o QR Code abaixo
e conheça mais livros visitando o nosso site.